BEI GRIN MACHT SICH IHR WISSEN BEZAHLT

- Wir veröffentlichen Ihre Hausarbeit,
  Bachelor- und Masterarbeit

- Ihr eigenes eBook und Buch -
  weltweit in allen wichtigen Shops

- Verdienen Sie an jedem Verkauf

Jetzt bei www.GRIN.com hochladen und kostenlos publizieren

Lars Zimmermann

Coaching. Die moderne Führungsmethode

GRIN Verlag

Bibliografische Information der Deutschen Nationalbibliothek:

Die Deutsche Bibliothek verzeichnet diese Publikation in der Deutschen National-bibliografie; detaillierte bibliografische Daten sind im Internet über http://dnb.d-nb.de/ abrufbar.

Impressum:

Copyright © 2008 GRIN Verlag GmbH
Druck und Bindung: Books on Demand GmbH, Norderstedt Germany
ISBN: 978-3-656-88609-9

GRIN - Your knowledge has value

Der GRIN Verlag publiziert seit 1998 wissenschaftliche Arbeiten von Studenten, Hochschullehrern und anderen Akademikern als eBook und gedrucktes Buch. Die Verlagswebsite www.grin.com ist die ideale Plattform zur Veröffentlichung von Hausarbeiten, Abschlussarbeiten, wissenschaftlichen Aufsätzen, Dissertationen und Fachbüchern.

Besuchen Sie uns im Internet:

http://www.grin.com/

http://www.facebook.com/grincom

http://www.twitter.com/grin_com

Coaching

Die moderne Führungsmethode

Studienarbeit

von

Lars Zimmermann

Hochschule Aalen

Hochschule für Technik und Wirtschaft

UNIVERSITY OF APPLIED SCIENCES

Abgabetermin: 18. März 2008

*„Behandle die Menschen so,
als wären sie, was sie sein sollten,
und du hilfst ihnen zu werden,
was sie sein können. "*

Johann Wolfgang von Goethe (1749-1832)

Kurzfassung

Der Begriff Coaching ist zu einem Modewort geworden. Ob in Vereinen oder in Managementabteilungen, Coaches findet man immer dort, wo Weiterentwicklung, Unterstützung, Stärkung oder Training gebraucht wird.

Diese Arbeit beschäftigt sich ausschließlich mit dem Coachen von Mitarbeitern. Dabei werden die einzelnen Bestandteile des Coaching-Prozesses erklärt und die Ziele des Coachings erläutert. Im Coaching-Prozess nimmt dabei der Coach verschiedene Rollen ein, die auch in dieser Arbeit behandelt werden. Die richtige Kommunikation zwischen Coach und seinen Mitarbeitern darf natürlich nicht fehlen, weshalb die verschiedenen Gesprächsanlässe untersucht und dargestellt werden. Weiterhin werden die erfolgreichen Methoden aus dem Spitzensport vorgestellt, die auch außerhalb des Sportbereiches dem Coaching zum Erfolg verhelfen.

Coaching bietet jeden Einzelnen eine Chance zur Verbesserung der eigenen, persönlichen Leistungspotenziale und letztendlich auch die Leistungsfähigkeit des Unternehmens.

Inhaltsverzeichnis

Abbildungsverzeichnis

1 Unternehmen benötigen moderne Führungsmethoden

In der heutigen Marktsituation können Unternehmen nur dann überleben, wenn sich ihre Leistungsangebote an den Kundenwünschen orientieren. Zufriedene Kunden sind schließlich die Basis für den Erfolg eines Unternehmens und sichern deren Geschäftsgrundlage.

Um Vertrauen in die Kundenbindung zu erlangen, bedarf es einigen Voraussetzungen. Der Kunde erwartet zum einen ein attraktives Preis-Leistungs-Verhältnis der angebotenen Produkte, zum anderen möchte der Kunde zuvorkommend von den Mitarbeitern behandelt werden. Letzteres hängt vor allem von der Mitarbeiterzufriedenheit ab, welche wiederum von den Führungsqualitäten des Vorgesetzten abhängt. Ein Mitarbeiter, der sich ständig unter seinem Vorgesetzten eingeengt und unter Druck gesetzt fühlt, wird diese Belastung den Kunden auch weitergeben (Laufer 2006: 14).

Aufgrund der individuellen Persönlichkeiten von Führungskräften gibt es eine Vielzahl unüberschaubarer, klassischer und moderner Führungstheorien und -stile. Eine besondere Form der Führung ist das Coaching[1]. Es ist ein moderner Begriff der sich in den letzten Jahren im Wirtschaftsleben etabliert hat. Coaching wird in den verschiedensten Formen und Varianten immer mehr in der Unternehmensführung, in der Personalführung und in der Industrie eingesetzt. Einige weit verbreitete und bekannte Coaching-Varianten sind folgende: Einzel-Coaching, Gruppen-Coaching, Team-Coaching, Konflikt-Coaching und Projekt-Coaching (Rauen 2005: 114).

In der vorliegenden Arbeit wird ausschließlich auf Coaching von einzelnen Mitarbeitern oder Gruppen eingegangen. Hierbei wird die besondere Führungsweise von Mitarbeitern durch Coaching erläutert.

---

[1] Der Begriff „Coaching" kommt ursprünglich aus dem englischen Sprachraum und bedeutet übersetzt soviel wie Trainer (Coach) oder Kutscher (Coachman).

Der erste Teil der Arbeit beschäftigt sich mit dem theoretischen Grundverständnis des Begriffs der Führung. Dabei wird der Begriff „Führung" definiert und von anderen Führungsbegriffen abgegrenzt. Zur Führung gehören immer die entsprechenden Techniken oder Methoden, die in der Praxis angewandt werden. Deshalb wird in diesem Kapitel auch auf einige bedeutende Führungsstile und Managementführungsmethoden (Management-by-Methoden) eingegangen und der Unterschied zum Coaching herausgestellt.

Den Schwerpunkt der Arbeit bildet das zweite Kapitel mit dem Thema „Die Führungsmethode Coaching". Hierbei wird zunächst der Begriff „Coaching" definiert und dem Leser werden grundlegende, theoretische Kenntnisse vermittelt. Verwandte Begriffe, die oft im Zusammenhang mit Coaching gebraucht werden, jedoch eine andere Bedeutungen besitzen, werden gegenübergestellt und voneinander abgegrenzt. Anschließend werden die Rollen, welche die Führungskraft im Coaching-Prozess einnehmen kann, vorgestellt und wichtige Prozesselemente des Coachingablaufs aufgezeigt und erklärt. Im darauffolgenden Kapitel werden die fünf erfolgreichen Coaching-Methoden von Shula und Blanchard[2] vorgestellt, die ursprünglich im Spitzensport angewandt worden.

Im letzten Kapitel wird aufgezeigt, warum die richtige Kommunikation im Coaching-Prozess eine bedeutende Rolle spielt. Dabei werden auch die verschiedenen Gesprächsanlässe untersucht und vorgestellt.

Abschließend wird die Arbeit kurz zusammengefasst. Hierbei soll auch erklärt werden, welche Vorteile die Führungsmethode Coaching dem Unternehmen, den Führungskräften und dem Mitarbeiter bringt.

---

[2] Shula, Don / Blanchard, Ken 1995: *Talent zum Coach hat jeder! So führen Sie zum Sieg, Erfolgsgeheimnisse aus dem Spitzensport – anwendbar im modernen Geschäftsleben*, Wien.

2   Wie wird der Begriff Führung definiert?

Das Verhalten des Vorgesetzten gilt neben dem Individual- und dem Gruppenverhalten als dritte perspektivische Ebene für den Leistungsprozess in Organisationen (Steinmann / Schreyögg 2005: 573). Die Führungskraft muss deshalb dafür sorgen, dass das wirtschaftliche Interesse des Unternehmens, das Wohlbefinden der Mitarbeiter und die eigenen Bedürfnisse situationsgerecht zufrieden gestellt werden (Laufer 2006: 25).

Erfolgreiches Führen war und ist in der heutigen Zeit eine herausfordernde Aufgabe für Führungskräfte. Dies begründet nicht zuletzt der wachsende und komplexer werdende Aufgabenbereich oder die veränderten Wertvorstellungen von Führungskräften.

- **Definition von Führung**

Für den Begriff „Führung" gibt es keine einheitliche Definition. Es existieren unterschiedliche Definitionsansätze, die den Begriff „Führung" erklären sollen. Einige dieser Definitionen werden nachfolgend kurz vorgestellt.

> o   Führung soll Menschen bewegen und Wandel ermöglichen (Lenz / Ellebracht / Osterhold 2007: 12).

> o   Führung ist ein Prozess der zielgerichteten Beeinflussung von Personen durch Personen (Macharzina 1977: 22).

> o   „Führung wird verstanden als ziel- und ergebnisorientierte, aktivierende und wechselseitige, soziale Beeinflussung zur Erfüllung gemeinsamer Aufgaben in und mit einer strukturierten Arbeitssituation." (Wunderer 2003: 4)

Führung kann zusammenfassend als Teil einer Beziehung charakterisiert werden, mit dem eigentlichen Ziel einer zweckgebundenen Aufgabenerfüllung. Das bedeutet, Führung beinhaltet zwischenmenschliches Handeln sowie methodisches Wissen zwischen der Führungskraft und den Geführten.

2.1 Personalführung, Unternehmensführung und Leitung

In der Umgangssprache wird den Begriffen „Personalführung" (engl. Leadership), „Unternehmensführung" (engl. Management) und „Leitung" (engl. Headship) oft die gleiche Bedeutung zugeschrieben. Diese Begriffe besitzen jedoch unterschiedliche Bedeutungen, wie die folgenden Zitate verdeutlichen.

- **Personalführung**

  o „Leadership ist die Fähigkeit, Innovation zu fördern und Menschen mit Sachverstand und sozialer Kompetenz zu führen." (Lenz / Ellebracht / Osterhold 2007: 152)

  o Unter Personalführung ist die Beeinflussung der Verhaltensweisen und Einstellungen von Personen zu verstehen (Hummel 2002: 7).

- **Management**

  o „Management wird einerseits als Institution verstanden und andererseits – davon deutlich zu unterscheiden – als Komplex von Steuerungsaufgaben, die zur Steuerung eines Systems erfüllt werden müssen." (Steinmann / Schreyögg 2005: 5)

  o „Management wird als Bewältigung von komplexen Anforderungen gesehen." (Lenz / Ellebracht / Osterhold 2007: 12)

- **Leitung**

  o „Die Leitung ist gewissermaßen die mittelbare Exekutive der Führung." (Rühli 1996: 66)

  o Leitung bezieht sich primär auf organisatorische Sachprobleme übergeordneter Instanzen (Hentze 1997: 19).

Von diesen Definitionen können folgende Merkmale und Eigenschaften abgeleitet werden:

„Personalführung" bedeutet, den Mitarbeitern eine Orientierung zu verschaffen, um sie auf den richtigen Weg zu lenken. Sie schafft somit Bewegung im Unternehmen, lenkt und leitet den Führenden in ihrer Führungsrolle. Zu beachten ist, dass der Übergang von dem allgemeinen Begriff der Führung und Personalführung fließend ist und in der Praxis kaum unterschieden wird.

Bei dem Begriff „Management" wird hingegen zwischen zwei verschiedenen Bedeutungen unterschieden.

Einerseits bezeichnet Management als „Institution" alle Personen, die Anweisungsbefugnisse besitzen, wobei andererseits die Bedeutung von Management als „Komplex von Steuerungsaufgaben" sich vordergründig auf die Steuerung und der Organisation des Unternehmens bezieht. Auch hier stellt sich heraus, dass sich Personalführung und Management als Institution kaum voneinander abgrenzen lassen.

„Leitung" bezieht sich hingegen auf einen Vorgesetzten, dessen Rechte allein durch die Organisationsstruktur vorgeschrieben sind. Beispielsweise wird deshalb auch von einem Abteilungsleiter gesprochen und nicht von einem Abteilungsführer oder aber von einem Personalführer und nicht von einem Personalleiter. Ein Vorgesetzter kann also Führer sein, muss es aber nicht.

2.2   Klassische und moderne Führungsstile

„Regelmäßig wiederkehrende Muster des Führungsverhandelns werden als Führungsstile bezeichnet." (Macharzina 2003: 488)

Dieses Kapitel soll nur einen Überblick über die bekanntesten klassischen Führungsstile und Managementführungsmethoden bieten. In der Praxis haben sich dabei drei Basistechniken der klassischen Führungsstile verfestigt, die anknüpfend kurz vorgestellt werden. Darauffolgend werden die drei bedeutendsten Managementführungsmethoden erläutert.

2.2.1 Autokratische, kooperative und laisser-faire Führung

„The real leader has no need to lead – he is content to point the way."
(Miller, Henry 1891-1980: amerikanischer Schriftsteller)

- **Autokratische Führung**

Der autokratische Führungsstil ist charakterisiert durch extreme Aufgaben- und Leistungsorientierung (Laufer 2006: 85).

Es besteht eine strikte Trennung der Ausübung von Lenkung und Kontrolle im Führungsprozess. Dabei werden den Geführten die zu erfüllenden Aufgaben und Handlungen ohne nähere Erläuterungen zugeteilt. Die Führungskraft erteilt Weisungen, kontrolliert und bewertet die Aufgaben, die von den Geführten ausgeübt werden (Macharzina 2003: 489).

- **Kooperative Führung**

Der kooperative Führungsstil zeichnet sich im Gegensatz zum Autokratischen durch starke Mitarbeiter- und Bedürfnisorientierung aus (Laufer 2006: 87).

Er kann deshalb als Gegenpol zum autokratischen Führungsstil angesehen werden. Hierbei werden die Geführten aktiv in den Führungsprozess integriert, indem sie sich bei der Aufgabenerfüllung weitgehend selbst kontrollieren. Es besteht außerdem zwischen den Geführten und der Führungskraft ein ausgeglichener Informationsfluss, d. h. die betreffenden Aktivitäten werden zwischen Führungskraft und Geführten besprochen (Macharzina 2003: 489).

- **Laisser-faire Führung**

Das laisser-faire Führungsverhalten geht noch einen Schritt weiter. Hierbei wird den Geführten ein sehr hohes Maß an Handlungsfreiraum gewährt. Die Führungskraft bewertet nicht mehr die Handlungen der Geführten, sondern dient praktisch nur noch als Informationsgeber. Macharzina bezweifelt, ob in diesem Zusammenhang überhaupt von Führung gesprochen werden kann (Macharzina 2003: 489).

2.2.2 Management-by-Methoden

„Der wichtigste Erfolgsfaktor eines Unternehmens ist nicht das Kapital oder die Arbeit, sondern die Führung." (Mohn, Reinhard 1921: dt. Unternehmer u. Stifter)

Neben den bekannten klassischen Führungsstilen, die im vorangegangenen Kapitel erläutert wurden, existieren für die Unternehmensführung zahlreiche Managementführungstechniken, auch bekannt als Management-by-Methoden. Die drei Wichtigsten von ihnen werden im Folgenden erläutert.

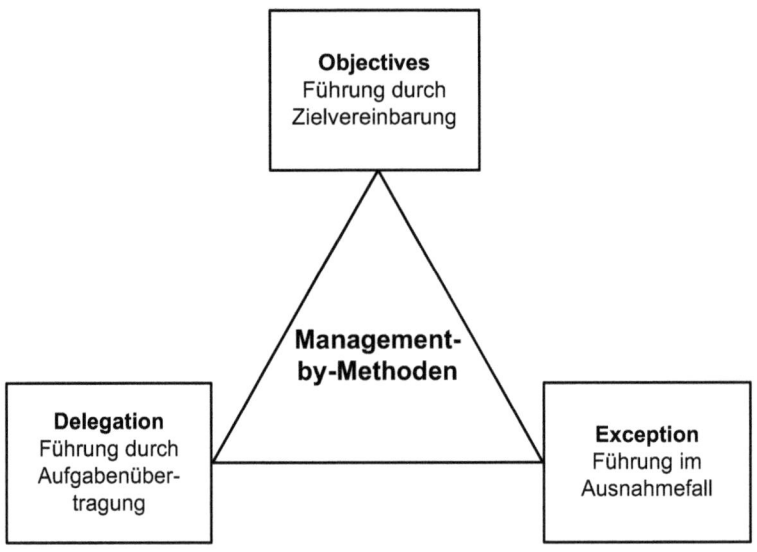

Quelle: Eigene Darstellung

Abb. 1:   Management-by-Methoden

- **Management-by-Objectives (MbO)**

Eine der ersten und bedeutendsten Führungskonzepte war das Management-by-Objectives. Aus den USA stammend wurde dieses Konzept in den sechziger und siebziger Jahren auch in Deutschland eingeführt. Bei dieser Methode wird unterschieden zwischen der ersten MbO Konzeption, nämlich dem *Führen durch Zielvorgabe* und der neueren Bedeutung *Führen durch Zielvereinbarung*.

Die Grundidee des *Führens durch Zielvorgabe* ist, die Führungskraft durch präzise Zielformulierung zu entlasten. Dem Mitarbeiter ist dabei selbst überlassen, wie er das Ziel
erreicht. Diese Art des Führens zeigt jedoch in der Praxis einige Mängel, so z. B. wäh-
len Mitarbeiter im Unternehmen nicht immer den effektivsten Weg, um das Ziel zu erreichen (Laufer 2006: 89).

Das *Führen durch Zielvereinbarung* strebt hingegen eine effektive Zielerreichung an.
Hierbei erfolgt die Zielvereinbarung von Rangübergeordneten direkt mit den Mitarbeitern, die auch selbst Führungskräfte sein können. Es besteht zwischen diesen zwei Par-
teien eine partnerschaftliche Beziehung. Positive Effekte dieser Methode sind u. a. hö-
here Motivationssteigerung der Mitarbeiter durch direkte Beteiligung an der Zielformulierung und realistischere Zieldefinitionen. Kritisch muss jedoch betrachtet werden, dass
eventuell ein zu hoher zeitlicher Aufwand bei der Zielfindung entstehen kann oder dass
in manchen Arbeitsumgebungen klare Ziele fehlen. MbO kann infolgedessen nicht
überall eingesetzt werden (Steinmann / Schreyögg 2005: 704, Stroebe 1999: 12).

- **Management-by-Delegation (MbD)**

Die Management-by-Delegation Methode will das autoritäre Führungsverhalten ab-
schaffen. Die Mitarbeiter bekommen ihren eigenen Verantwortungsbereich übergeben,
in dem sie selbstständig tätig sind. Die Führungsverantwortung obliegt der Führungskraft und die Handlungsverantwortung liegt auf Seiten des Mitarbeiters. Um dieses
sicherzustellen, werden Regelungen getroffen, die u. a. in Form von Stellenbeschrei-
bungen, Informationskatalogen und Dienstbesprechungen realisiert werden (Stroebe
1999: 15).

Ein positives Kriterium ist auch hier die Motivationssteigerung der Mitarbeiter durch ihren Handlungsfreiraum. Doch das System gilt in der Praxis als problematisch, da z. B.
Delegation häufig mit Abschiebung von uninteressanten Arbeitsaufgaben verwechselt
wird oder Führungskräfte in die Versuchung kommen, sich in die Arbeit ihrer Mitarbeiter einzumischen (Laufer 2006: 91).

- **Management-by-Exception (MbE)**

Der Mitarbeiter bekommt in dem Konzept MbE oder *Führung in Ausnahmefällen* seinen eigenen Entscheidungsspielraum zugewiesen. Das Konzept entlastet die Führungskräfte, weil sie nur dann eingreifen, wenn Fehlentwicklungen oder unplanmäßige Ausnahmen eintreten. Dies könnte z. B. dann der Fall sein, wenn in einer bestimmten Situation der Mitarbeiter fremde Hilfe benötigt. Solche Ausnahmen werden den Führungskräften durch entsprechende Informations- und Kontrollsysteme übermittelt. Kritisch zu betrachten ist hierbei, dass die Informationsmeldung von Ausnahmensituationen an die Führungskräfte, z. B. häufig Misserfolge, eine Motivationsminderung für die Mitarbeiter darstellt. Ausnahmesituationen können außerdem zu Neudefinitionen von Zielen führen (Stroebe 1999: 17).

Fazit

Nachdem nun die wichtigsten Führungsstile und Management-by-Methoden erklärt wurden, kann folgende Aussage getroffen werden. Die vorgestellten Methoden verfolgen zwar unterschiedliche Führungsansätze, weisen jedoch gleiche Kernfunktionen auf. So besitzt die Führungskraft immer Weisungsbefugnis gegenüber den Mitarbeitern und seine Einstellung orientiert sich hauptsächlich an den Unternehmenszielen. Genau hier unterscheidet sich die Führungsmethode Coaching von den klassischen Führungsstilen und Managementmethoden. Beim Coaching werden überwiegend die Ziele des Mitarbeiters auf freiwilliger Basis verfolgt. Weitere Besonderheiten dieser Führungsmethode werden in den nächsten Kapiteln genauer untersucht und beschrieben.

3 Die Führungsmethode Coaching

Die Einbringung der Führungsmethode Coaching in ein Unternehmen wird dessen gesamte Unternehmenskultur nachhaltig verändert. Dies ist vor allem auf den Einsatz der Mitarbeiterleistungen zurückzuführen.

Manchmal verlangen Unternehmen von Führungskräften viele Verhaltensweisen, die in der Praxis widersprüchlich sind. Zum einen werden durchsetzungsstarke Führungskräfte gefordert, zum anderen wird ein Coach oder sogar Berater als Führungskraft verlangt (Lenz / Ellebracht / Osterhold 2007: 22). Abb. 2 stellt die wesentlichen Unterscheidungsmerkmale dieser widersprüchlichen Forderungen als Portfolie dar. Somit wird sofort die Unstimmigkeit ersichtlich.

Beim Coaching-Prozess stehen jeweils der Coach als beratende Person und der Coachee oder Gecoachte als Kunde bzw. Klient in Beziehung. Im Vergleich dazu steht die traditionelle Führungskraft im Unternehmen mit seinen Mitarbeitern oder Ranguntergeordneten in Beziehung.

Quelle: Eigene Darstellung

Abb. 2:   Portfolio der Entscheidungskompetenz und der Konzentration

Abb. 2 verdeutlicht die Unterschiede zwischen Personalführung und Coaching von Mitarbeitern. Im Gegensatz zur Personalführung liegt die Konzentration von Coaching auf dem Erfolg der Persönlichkeitsentwicklung und nicht primär auf der Leistungsfähigkeit von Mitarbeitern. Der Coachee selbst trägt die Entscheidungskompetenz und wird von seinem Coach beraten und begleitet. Der Coach beschäftigt sich mit persönlichen Verhaltensänderungen seines Coachee. Hingegen trifft bei der traditionellen Personalführung überwiegend die Führungskraft die Entscheidungen, die von den Mitarbeitern ausgeführt werden.

3.1 Definition des Coaching-Begriffs

Zu den Aufgaben der Führungskraft gehört nicht nur die Planung von Zielen, Kontrolle oder Organisation, sondern auch die Personalplanung stellt einen wichtigen Funktionsbereich der Führungskraft dar (Steinmann / Schreyögg 2005: 655). Sobald die Fortbildung und persönliche Weiterbildung von Mitarbeitern wichtig erscheint, wird Coaching zum Thema.

Folgende Zitate sollen den Coaching Begriff näher erklären:

o Coaching zielt, geplant oder ungeplant, immer auf Verhaltensänderungen ab (Czichos 2002: 63).

o „Der Coach verschreibt sich der Entwicklung seines Kunden und versucht ihn zu befähigen, seine Situation, seine Ziele und seine Vorgehensweisen klarer und bewusster wahrzunehmen und in seinem Kontext besser und erfolgreicher zu agieren." (Lenz / Ellebracht / Osterhold 2007: 24)

o „Coaching ist eine Führungsmethode, die dazu beiträgt, dass Mitarbeitende ihre Potenziale erkennen und erweitern, so dass sie ihre Leistungen maximieren können." (Lenz / Ellebracht / Osterhold, 2007: 152)

Grundsätzlich kann festgehalten werden, dass Coaching eine besondere Form der Führung darstellt, mit der im Vordergrund stehenden Motivation, den Gecoachten in besonderer Art und Weise zu fördern. Die Fähigkeiten und Kompetenzen des Coachee sollen diesem bewusst und klarer werden, so dass er dem Unternehmen maximales Nutzen erbringen kann.

3.2 Die Entwicklungsphasen des Coaching-Begriffs

Abb. 3 stellt die Entwicklung des Coaching-Begriffs in sieben Phasen graphisch dar. Ursprünglich wurde der Begriff Coaching in den siebziger Jahren in den USA zum ersten Mal im Zusammenhang mit entwicklungsorientiertem Führen genannt (Phase eins).

In den achtziger Jahren fanden zunehmend karrierebezogene Betreuungen und Einzelbetreuungen von Top-Managern durch externe Berater statt (Phase zwei). Es folgten Mitte der achtziger Jahre in Deutschland interne Beratungen von unteren bis mittleren Führungskräften in den Unternehmen. Nach der Einführung des Coachings im Top-Management im deutschen Sprachraum erlangte Coaching eine Exklusivität (Phase drei und vier).

Anfang der neunziger Jahre differenzierten sich verschiedene Coaching-Varianten in verschiedenen Anwendungsgebieten. So entwickelten sich verschiedene Coaching-Varianten zu festen Begrifflichkeiten: Gruppen-Coaching, Team-Coaching, Projekt-Coaching und EDV-Coaching sind entstanden (Phase fünf).

Phase sechs zeigt, dass Coaching Mitte der neunziger Jahre schließlich im Bereich der Personalentwicklung populär wurde. Jeder Berater bezeichnete sich schon dann als Coach, sobald er mit seinem Klienten geredet hatte.

1. Phase	2. Phase	3. Phase	4. Phase	5. Phase	6. Phase	7. Phase
Der Ursprung	Die Erweiterung	Der „Kick"	Systematische Personalentwicklung	Differenzierung	Populismus	Professionalisierung

Interne Beratung von mittleren und unteren Führungskräften

Entwicklungsorientiertes Führen durch die Vorgesetzten

Einzelbetreuung von Top-Managern durch Berater

Karriere bezogene Betreuung

Entwicklungsorientierte Führung durch den Vorgesetzten

5. Phase:
- **Gruppen Coaching** Beratung in Seminaren durch die anderen Teilnehmer
- **Coaching im Führungskräftetraining** Transferunterstützung durch den Trainer nach dem Seminar
- **Coaching als intensives Selbsterfahrungstraining**
- **Team-Coaching** Teamentwicklung einer Gruppe zum besseren gemeinsamen Verständnis und Zusammenarbeit
- **Projekt-Coaching** Begleitung eines Projektes, inhalts- und/oder prozessbezogen
- **EDV-Coaching** Beratung bezüglich verschiedener IT-Fragestellungen

6. Phase:
- **Vorstands-Coach** Im Vorstand vertritt ein Vorstand ein laufendes Unternehmensprojekt politisch bzw. verantwortlich
- **Konflikt - Coaching** Beratung, wie man sich in Konflikten richtig verhält
- **TV-Coaching** Training des Verhaltens vor der Kamera
- **Jeder Berater macht sich zum Coach**

Jeder Berater „coacht" einen Gesprächspartner (nach Selbsteinschätzung) schon dann, wenn er mit ihm redet

7. Phase:
- Zielgruppenspezifische und methodische differenzierte Anwendungen
- Erhöhung der Qualitätsanforderungen in der Praxis
- Beginnende Markttransparenz bei zunehmender Unübersichtlichkeit des Marktes
- Anfänge von Standardisierungen in Praxis und Ausbildung
- Intensivierung der Forschung
- Kongresse, Fachtagungen und internationale Vernetzung nehmen zu
- Spätphase der 1. Coach-Generation, junge Coachs rücken nach
- Jede beliebige Tätigkeit wird zum „Coaching" gemacht, wenn sie eine Form des Gesprächs oder der Beratung umfassen (z. B. Dance-Coaching, Astrologie-Coaching)

70er bis Mitte 80er Jahre in USA	Mitte 80er Jahre in USA	Mitte 80er Jahre in Deutschland	Ende 80er Jahre in Deutschland	Anfang der 90er Jahre	Mitte/Ende der 90er Jahre	Ab 2002

Quelle: Eigene Darstellung (in Anlehnung an Rauen 2005: 29)

Abb. 3: Die Entwicklung des Coaching-Begriffs

Inzwischen hat sich Coaching zum Modewort entwickelt. Da diese Bezeichnung nicht rechtlich geschützt ist, kann sich praktisch jeder als Coach bezeichnen, auch wenn die eigentliche Funktion der betreffenden auszuführenden Person wenig mit Coaching zu tun hat (Lenz / Ellebracht / Osterhold 2007: 26).

3.3 Coaching, Mentoring und Training

Oft wird den Begriffen Coaching, Mentoring und Training die gleiche Bedeutung zugeschrieben. Dennoch gibt es einige wichtige Unterschiede, die in der folgenden Tabelle
gegenübergestellt werden.

Mentoring	Training	Coaching
Zielgruppe sind junge bzw. neue Organisationsmitglieder.	Beim Training steht die tech-nisch-fachliche Kompetenz im Vordergrund.	Zielgruppe sind i. d. R. Per-sonen mit Management-Auf-gaben.
Der Mentor berät hauptsäch-lich vor dem Hintergrund seiner Erfahrungen im Unternehmen.	Der Trainer ist überwiegend Anleiter bzw. gibt Unterweisungen und lässt üben.	Der Coach ist primärer Zuhörer und Gesprächspartner, kann auch seine Rollen wechseln.
Beim Mentoring besteht eine hierarchische Beziehung zwischen Schützling und Mentor.	Training ist sachorientiert, eine Beziehungsaufnahme ist möglich aber kein muss.	Coaching ist beziehungsorientiert und hat die Beziehungsaufnahme und –gestaltung als Ziel.
Langfristige Bindung des Mitarbeiters an die Organisation als Ziel.	Training zielt auf den Auf- und Ausbau spezifischer Verhaltensweisen.	Verbesserung der Leistungsfähigkeit des Mitarbeiters als Ziel.

Quelle: Eigene Darstellung (in Anlehnung an Rauen 2003: 70)

Abb. 4: Coaching, Mentoring und Training im Vergleich

Beim Mentoring besteht eine hierarchische Beratungsbeziehung innerhalb des Unternehmens mit dem Ziel der Integration und Bindung eines neuen Mitarbeiters in die Organisation.

Training dient dem Erlernen von Abläufen in bestimmten Situationen. Hierbei ist der
Trainer Anleiter der die Regeln vorgibt. Charakteristisch für das Training sind die wie-
derholten Übungen. Beispiele für Trainings sind u. a. Gedächtnistraining und Fußball-
training.

Im klaren Unterschied zum Trainer muss der Coach keine direkten Lösungen vermitteln, sondern seinen Coachee selbst Lösungen erarbeiten lassen. Beim Coaching-Prozess konzentriert sich der Coach vor allen auf das Ziel der Möglichkeit zur Weiterentwicklung seines Gecoachten. In unterschiedlichen Situationen kann ein Coach verschiedene Rollen annehmen, z. B. auch die eines Mentors oder Trainers welche im Kapitel
3.6 näher erläutert werden.

3.4   Ziele des Coachings

Coaching verfolgt, wie jede andere Führungsmethode auch, ganz bestimmte Ziele. Ein Coach hat dann sein Ziel erreicht, wenn er die Entwicklung seines Coachee ernst nimmt und dessen Weiterentwicklung ermöglichen kann (Lenz / Ellebracht / Osterhold 2007: 27). Weitere Ziele des Coachings sind:

o Coaching soll die Lernprozesse, das Leistungsniveau die Selbständigkeit von Mitarbeitern fördern.

o Coaching soll die Leistungen aller Mitarbeiterinnen und Mitarbeiter im Unternehmen auf allen Stufen maximieren.

o Coaching soll den Umgang der Chefinnen und Chefs mit ihren Mitarbeiterinnen und Mitarbeitern in der Wahrnehmung von Führungsaufgaben und der täglichen Arbeit so gestalten, das sie ihre Potenziale erkennen und erweitern und somit ihre Leistungsfähigkeiten erhöhen können.

o Coaching fördert die Kommunikation, Eigenverantwortung und die Teamentwicklung im Unternehmen. Außerdem wird das Klima der Unternehmenskultur dauerhaft positiv beeinflusst (Lenz / Ellebracht / Osterhold 2007: 24).

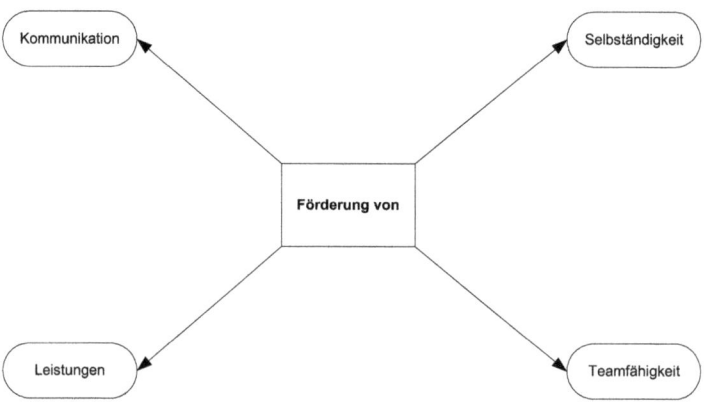

Quelle: Eigene Darstellung

Abb. 5:   Ziele des Coachings

Abb. 5 stellt Ziele von Coaching graphisch dar. Coaching soll die Mitarbeiterinnen und Mitarbeiter in ihrer Selbständigkeit sowie ihrer Kommunikations-, Leistungs- und Teamfähigkeit fördern. Coaching hilft Probleme zu erkennen und verbessert die Wahrnehmung und das Verhalten des Gecoachten. Es hilft ihm eher zu lernen, anstatt ihn etwas zu lehren. Für ihn findet eine umfangreiche Persönlichkeitsförderung statt, wobei berufliche Qualifikationen wie auch soziale Kompetenzen unterstützt und vorangetrieben werden.

3.5   Anforderungen an den Coach

Ein erfolgreicher Coach sollte einige wichtige Eigenschaften besitzen. Zu unterscheiden sind jeweils fachliche sowie persönliche Kompetenzen. In der nachfolgenden Tabelle werden die wichtigsten Eigenschaften aus dem fachlichen und persönlichen Bereich aufgelistet. Natürlich kann ein Coach nicht alle Qualifikationen besitzen kann. Die Tabelle soll nur einen Überblick über die bedeutsamsten Kompetenzen verschaffen.

Fachkompetenzen	Persönliche Kompetenzen
Kreativitätstechniken sollten beherrscht werden.	Selbst- und Lebenserfahrung sollte der Coach besitzen.
Problemlösungen sollten erarbeitet werden können.	Permanente Weiterbildung sollte der Coach nicht versäumen.
Kenntnisse über betriebswirtschaftlicher Abläufe und Gegebenheiten, insbesondere Fachverständnis für Managementprozesse sollten bekannt sein.	Der Coach sollte die Fähigkeit besitzen, auch mal zuhören zu können.
Kenntnis des betrieblichen Umfeldes und seiner Funktionsträger (Betriebsleiter, Personalchefs, Gewerkschaftsfunktionäre usw.) sollten dem Coach bekannt sein.	Der Coach sollte Interesse und Aufmerksamkeit an den Anliegen des Klienten bzw. Coachee zeigen.
Der Coach sollte Erfahrungen mit betriebswirtschaftlichen Instrumenten besitzen.	Der Coach sollte konfrontationsbereit und auch standfest im Coaching-Prozess sein.
Kenntnisse gängiger Führungskonzepte sollten dem Coach bekannt sein.	Der Coach sollte kritische Loyalität gegenüber dem Klienten bzw. Coachee zeigen.

Quelle: Eigene Darstellung (in Anlehnung an Rauen 2003)

Abb. 6:   Fachliche und persönliche Anforderungen an den Coach

3.6   Rollenverteilung des Coaches

Ein erfolgreicher Coach muss sich in eine Vielzahl von Verhaltensweisen hinein versetzen können. Dabei muss er verschiedene Rollen annehmen.

o   Sponsor oder Mentor

o   Berater

o   Lehrer oder Trainer

o   Chef oder Vorgesetzter

Allerdings darf er dabei nicht willkürlich in verschiedene Verhaltensweisen oder Rollen wechseln, sondern muss seine Rollenwahl nach den Mitarbeitern im Umfeld und vor allem nach den Zielen, die verfolgt werden, richten. (Lenz / Ellebracht / Osterhold 2007: 48)

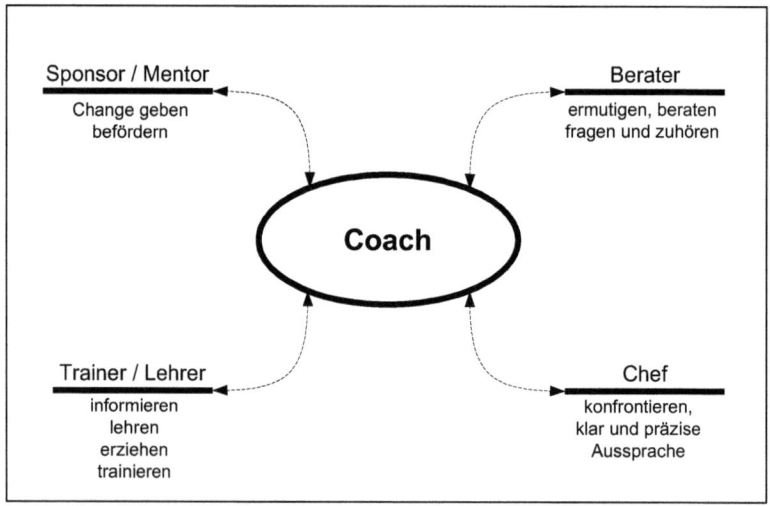

Quelle: Eigene Darstellung

Abb. 7:   Die Rollenvielfalt des Coaches

Abb. 7 zeigt die verschiedenen Rollen, die eine Führungskraft als Coach einnehmen kann. Die Aufgaben der einzelnen Rollen werden nachstehend näher erläutert.

3.6.1 Führungsrolle des Sponsors / Mentors

Die Sponsoren- bzw. Mentorenrolle nimmt ein Coach dann ein, wenn er einen Mitarbeiter auf etwas Neues vorbereiten bzw. ihn befördern möchte. Dies könnte z. B. dann vorliegen, wenn ein Mitarbeiter im Unternehmen dauerhaft hohe Leistungen erbringt und er auf eine Beförderung vorbereitet werden soll. Auch Talente, die der Coach entdeckt, sollen durch die verkörperte Sponsorenrolle besonders unterstützt werden. Dabei sollte der Coach seine Mitarbeiter als Kollegen behandeln und eventuell mit ihnen regelmäßig über mögliche Ziele und Karrierevorstellungen diskutieren (Czichos 2002: 87).

3.6.2 Führungsrolle des Trainers / Lehrers

Wenn neue Mitarbeiter in eine Organisation hinzukommen, wenn die Leistungserwartungen der Mitarbeiter zu unpräzise sind, wird der Coach seine Rolle als Lehrer annehmen. Dabei erklärt er den neuen Mitarbeiter die Struktur des Unternehmens und die Anforderungen, die auf sie zukommen werden, zu verstehen. In der Einarbeitungszeit sollte der Coach Geduld mitbringen und ein Gefühl dafür haben, die Arbeits- und Leistungssituation realistisch zu gestalten. Auch wenn es darum geht, bestimmte Fachkompetenzen zu entwickeln, dann trainiert der Coach in der Rolle als Trainer mit seinem Klienten in entsprechend vorgegebener Zeit. Dabei wird der Coach den Mitarbeitern Entscheidungsfreiheiten einräumen und Hilfestellungen anbieten. Offene und ehrliche Anerkennung verstärkt das Vertrauen zwischen Coach und Gecoachten (Czichos 2002: 86).

3.6.3 Führungsrolle des Beraters

In der Rolle des Beraters begleitet der Coach die Handlungen seines Gecoachten beratend. Sobald Probleme auftauchen, z. B. wenn ein Mitarbeiter plötzlich in seiner Leistung nachlässt oder ein Mitarbeiter mit dem Wandel in der Organisation nicht mehr mitkommt, werden Gespräche geführt und gemeinsame Lösungen herausgearbeitet. Dabei sollte der Coach den Mitarbeiter nicht tagelang mit seinem Problem allein lassen, sondern rechzeitig Hilfe anbieten und sich ausreichend Zeit für ihn nehmen. Der Coach benutzt in dieser Rolle sein Fachwissen ausschließlich beratend (Lenz / Ellebracht / Osterhold 2007: 49, Czichos 2002: 90).

3.6.4 Führungsrolle des Chefs

Aufgrund seiner Verantwortung hat der Vorgesetzte als Chef Interesse an einem schnellen und messbaren Erfolg seiner Coaching-Strategie. Seine Mitarbeiter sollen Fortschritte zeigen und Anerkennung bekommen (siehe Kapitel 3.4). Sobald die Leistung eines Mitarbeiters andere gefährdet, sollte der Coach mit dem Mitarbeiter über anstehende Konsequenzen diskutieren. Dabei sollte er sich aber auf das Wesentliche beschränken und keine ausschweifenden Diskussionen beginnen. Da auch der Erfolg des Gesamtunternehmens im Mittelpunkt steht, erfordert die Rolle des Chefs auch Eingriffe in sowie Korrekturen von Mitarbeiterhandlungen (Lenz / Ellebracht / Osterhold 2007: 49).

3.7 Grundlegende Coaching-Prozess-Elemente

In der Literatur[3] finden sich viele Modelle, die den Coaching-Prozess detailliert beschreiben. Alle Modelle besitzen jedoch gemeinsame Prozesselemente, die in der Abb. 8 veranschaulicht werden.

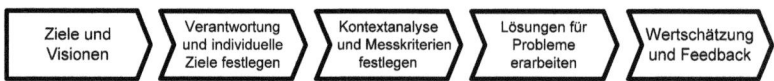

Quelle: Eigene Darstellung

Abb. 8:   Grundlegende Coaching-Prozess-Elemente

³   1. Czichos, Reiner 2002: *Coaching = Leistung durch Führung*, 3. Aufl., München.
2. Lenz, Gerhard / Ellebracht, Heiner / Osterhold, Gisela 2007: *Coaching als Führungsprinzip, Persönlichkeit und Performance entwickeln*, 1. Aufl. Wiesbaden.
3. Whitemore, John 2006: *Coaching **für die Praxis**, Wesentliches für jede Führungskraft*, Frankfurt am Main.
4. Rauen, Christopher 2005: *Handbuch Coaching*, 3. Aufl., Göttingen.

3.7.1 Ziele, Visionen und Verantwortung

Den Mitarbeitern muss klar und verständlich gemacht werden, welchen Sinn und Zweck das zielorientierte Vorgehen hat, z. B. während eines Projektes. Sie müssen wissen, welchen Nutzen sie daraus schöpfen können und was das Ergebnis sein wird, wenn sie den Anforderungen folge leisten. Dies übt nicht zuletzt eine hoch motivierende Wirkung auf die Leistungsfähigkeit der Mitarbeiter aus, was wiederum zum Erfolg des Projektes führt. Dabei ist es wichtig, den Mitarbeitern Verantwortung zu übertragen. Mitarbeiter sollen ihre Selbständigkeit durch eigene, persönliche Erfahrungen während des Projektes lernend aufbauen. Es nützt recht wenig, wenn der Coach immer wieder einschreitet und nachbessert. Es gilt vielmehr, den Mitarbeiter handeln zu lassen und ihn als Coach aus der Distanz beobachten. Die Beobachtungen werden dann dem Coachee im nächsten Feedbackgespräch[4] (siehe Kapitel 3.9.2) mitgeteilt.

3.7.2 Kontextanalyse und Messkriterien

Jedes Thema, jeder Lösungsweg ist durch eine Vielzahl an Einflussfaktoren und Ereignissen vernetzt und steht niemals alleine. Der Coach sollte sich deshalb niemals nur auf eine Person oder ein Ereignis beziehen. In der Kontextanalyse sollen deshalb weitere Einflussgrößen aus dem Umfeld genannt und in ein Thema oder einer Fragestellung mit einbezogen werden (Lenz / Ellebracht / Osterhold 2007: 54).

---

[4] „Feedback ist die Rückmeldung über ein Verhalten, einen Zustand oder ein Ergebnis; auf die Abweichungen vom Sollzustand folgen Überprüfungen und Handeln". (Lenz / Ellebracht / Osterhold 2007: 153)

Die darin festgelegten Ziele müssen messbar und beobachtbar sein (Czichos 2002: 107). Dazu sollen Messkriterien vereinbart werden, um objektiv eine Aussage über die Zielerreichung zu geben. Für die Zielformulierung bietet sich die SMART[5] (Specific Measurable Achievable Relevant Timely) Technik an. Diese Technik definiert die Eigenschaften eines guten Ziels. Die Formulierung des Ziels soll dabei spezifisch, messbar, erreichbar, realistisch und zeitlich gegliedert sein. Durch diese Art der Zielformulierung werden konfliktnahe Situationen schon vor dem Entstehen beseitigt.

3.7.3 Lösungen für Probleme erarbeiten

Sobald im laufenden Projekt Probleme bei der Zielerreichung auftreten, sollte der Coach die daran beteiligten Personen zur Lösungsfindung befragen und einbeziehen. Meistens existieren schon vorab unter den Beteiligten einige interessante Lösungsvorschläge, die bewusst Beachtung finden sollten. Nichts ist demotivierender als wenn auf dem schwierigen Weg zur Zielerreichung die Beteiligten nicht mit einbezogen werden.

3.7.4 Wertschätzung und Feedback

Wertschätzungen dienen dazu, Leistungen und Bemühungen der Mitarbeiter zu loben. Die Gelobten fühlen sich dadurch anerkannt und die Motivation zu höherer Leistung wächst weiter. Eine Anerkennung sollte sich nicht nur auf die Leistung beziehen, denn auch durch Komplimente für einen neuen Anzug oder neues Kleid des Mitarbeitenden kann das Kooperationsklima weiter gestärkt werden (Lenz / Ellebracht / Osterhold 2007: 56).

---

[5] Whitemore, John 2006: *Coaching für die Praxis, Wesentliches für jede Führungskraft*, Frankfurt am Main 2006.

Konkrete Beobachtungen aber keine Schlussfolgerungen sollen den Gecoachten als Feedback mitgeteilt werden. Sie müssen über positive oder negative Konsequenzen des beobachteten Verhaltens informiert werden. Das Feedback dient dabei sozusagen als Verhaltensänderungsprozess. Es sollten die Beweggründe des Gecoachten und eventuell auch alternative Verhaltensmöglichkeiten erfragt werden. Zusammen mit dem Coach sollten dann bei Problemen die Alternativen besprochen und erarbeitet werden (Czichos 2002: 184).

3.8   Methoden erfolgreichen Coachings

Erfolgreiche Unternehmensführung hängt nicht nur von neuen Technologien und Strategien ab, denn auch die Konkurrenz kennt die gleichen Marktinstrumente. Um sich in dem harten Konkurrenzkampf letztendlich erfolgreich durchsetzen zu können, müssen Mitarbeiterinnen und Mitarbeiter ihr bestes geben. Dies gelingt nur, wenn sie zu Höchstleistungen motiviert werden und im Team auf ein gemeinsames Ziel hin arbeiten. Shula und Blanchard[6] nennen dazu fünf Geheimrezepte erfolgreichen Coachings, die aus dem Spitzensport abgeleitet und in die Wirtschaft übertragen wurden.

Die fünf Prinzipien, die von Shula und Blanchard beschrieben werden, sind folgende:

1. **Überzeugung**

2. **Overlearning[7]**

3. **Flexibilität**

4. **Beständigkeit**

5. **Integrität**

Sie bilden zusammen das Erfolgskonzept des erfolgreichen Coachings.

---

[6]   Shula, Don / Blanchard, Ken 1995: *Talent zum Coach hat jeder! So führen Sie zum Sieg, Erfolgsgeheimnisse aus dem Spitzensport – anwendbar im modernen Geschäftsleben*, Wien.

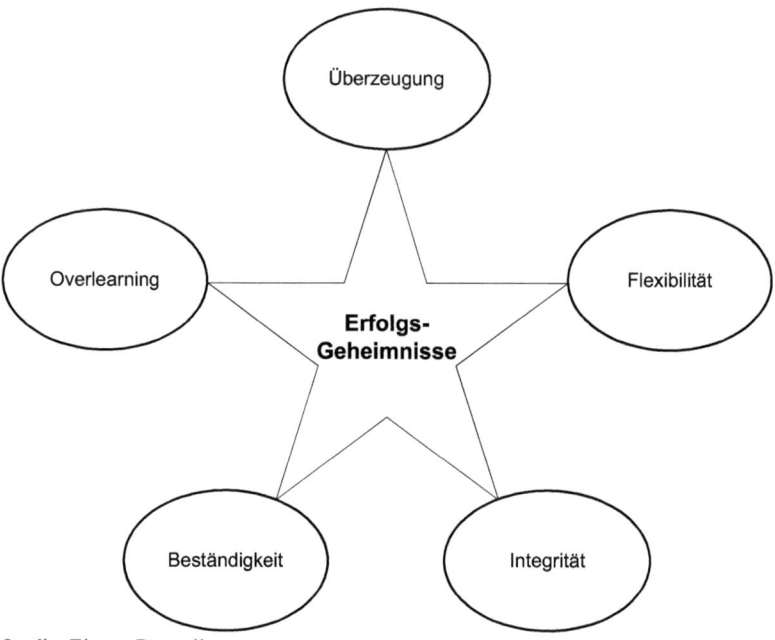

Quelle: Eigene Darstellung

Abb. 9:   Die fünf Erfolgsgeheimnisse erfolgreichen Coachings

3.8.1   Prinzip Nr. 1: Überzeugung

„Wer nach seiner Überzeugung handelt, tut das Richtige aus dem richtigen Grund."
(Shula / Blanchard 1995: 23).

Eine Führungskraft braucht Visionen und sollte bei Misserfolg und Erfolg die Realität
nicht aus den Augen verlieren. Respekt soll höher bewertet werden als Popularität und
dem Charakter des Klienten soll der gleiche Stellenwert eingeräumt werden wie seiner
Begabung. Der Coach sollte stets mit Freude an der Arbeit handeln und ein Beispiel
guter Führung widerspiegeln (Shula / Blanchard 1995: 23).

---

[7]   Den Begriff *Overlearning* als solchen gibt es in der englischen Sprache nicht. Shula und Blanchard
        benutzen den Begriff, der sich aus den beiden Wörtern *over* und *learning* zusammen setzt, um die
        Methode des ständigen Lernens zu beschreiben.

3.8.2 Prinzip Nr. 2: Overlearning

Der Coach sollte auf Details des Handels seiner Mitarbeiter bzw. seiner Coachees achten und seine Ergebnisse regelmäßig überprüfen. Dadurch können die Führungskräfte ihre Visionen erfolgreich umsetzen und Ihre Ziele erreichen. Shula und Blanchard sind der Auffassung, dass durch eine optimale Vorbereitung die Anzahl der Aufgaben beschränkt werden kann. Diese Aufgaben sollten jedoch optimal beherrscht werden. Durch ständige Übungen werden Fehler verringert, so dass die Erfüllung der Aufgaben der Perfektion immer näher kommt (Shula / Blanchard 1995: 77).

3.8.3 Prinzip Nr. 3: Flexibilität

Flexibilität und Anpassungsfähigkeit sind wichtige Vorraussetzung für die Rolle des Coaches. Es ist wichtig, dass der Coach bzw. die Führungskraft zu jeder Zeit bereit ist, seinen Kurs zu ändern, um flexibel und anpassungsfähig auf jegliche Situation reagieren zu können (Shula / Blanchard 1995: 115).

3.8.4 Prinzip Nr. 4: Beständigkeit

Der Coach muss den Coachee zu Bestleistungen motivieren, ihn bei guten Leistungen loben und bei schlechten Leistungen kritisieren. Eine gute Führungskraft sollte Leistungen der Mitarbeiter hinreichend überwachen, sodass auf entstandene Konsequenzen der Handlungen der Mitarbeiter reagiert werden kann. Außerdem sollte ein guter Coach in seiner Reaktion auf Leistungen abschätzbar sein (Shula / Blanchard 1995: 127).

3.8.5 Prinzip Nr. 5: Integrität

Der Coachee erwartet von einer guten Führungskraft Ehrlichkeit und Beständigkeit in ihrer Führungsweise. Das Verhalten des Führungsstils sollte nachvollziehbar und eindeutig sein. Ein erfolgreicher Coach drückt sich in seiner Sprache klar und deutlich aus, sollte jedoch auf Humor und Freundlichkeit nicht verzichten (Shula / Blanchard 1995: 157).

Diese fünf Prinzipien: Überzeugung, Overlearning, Flexibilität, Beständigkeit und Integrität sollen den Gecoachten zu Bestleistungen motivieren und dessen Kapazitäten ausreizen. Begeisterung und Engagement der Gecoachten lassen auch schwierige Ziele erreichbar werden und führen bei diszipliniertem Vorgehen dieser Prinzipien zum Erfolg.

3.9 Richtige Kommunikation als Coaching-Werkzeug

Während des Coaching Prozesses ergeben sich typische Gesprächsanlässe. Insbesondere dann, wenn zu Anfang des Coachings die Verantwortungen übertragen und individuelle Ziele vereinbart werden oder aber auch bei Konflikt- und Problemlösungen (Czichos 2002: 134). Die richtige Kommunikation zwischen Coach und Coachee während dieser Gesprächssituationen ist daher ein wichtiges Werkzeug für einen erfolgreichen Coaching Abschluss. Während eines dieser Gespräche kommt es für den Coach darauf an, die Kommunikationssprache des Partners bzw. Mitarbeiters zu identifizieren und dieselbe zu sprechen. Um herauszufinden, welche Sprache der Coachee verwendet, werden verschiedene Techniken angewandt.

Zunächst sollte die Körpersprache der Klienten während des gesamten Kommunikationsprozesses beobachtet werden. Oft sind Veränderungen der Körperhaltung auch ein Indiz für Veränderungen des Denkprozesses. Gesprächspartner vermitteln z. B. unbewusst Signale, wenn sie während einer Sprechpause einen Teil zum Thema beitragen könnten. Jedoch sollte Körpersprache unbedingt nur im Kontext mit anderen Signalen und Situationen gesehen und interpretiert werden (Czichos 2002: 135).

Weitere Beobachtungen sollten den Augenbewegungen des Gegenübers gewidmet werden. Sie lassen zum einen erkennen, ob der Coachee aufmerksam und konzentriert dem Gespräch folgt und zum anderen wie er die Gespräche bzw. die Informationen verarbeitet. Hier unterscheidet Reiner Czichos[8] drei Typen von Informationsverarbeitung: *visuelle* (sehen), *auditorische* (hören) und *kinästhetische* (fühlen) Verarbeitung (VAK-Sprache). Ein Beispiel soll verdeutlichen, wie dieselbe Meinung in den drei Sprach-Typen ausgedrückt werden kann.

Beispiel: der visuelle Typ spricht: „Das sieht gut aus", der auditorische Typ spricht: „das hört sich gut an", der kinästhische Typ spricht: „das beeindruckt mich sehr".

Sobald der Coach herausgefunden hat, welchen Sprach-Typ sein Klient verkörpert, sollte er möglichst ähnliche Sprachelemente seines Gegenübers benutzen. Dadurch wird die Kommunikation im Coaching-Gespräch zwischen den Partnern erheblich erleichtert (Czichos 2002: 134). Sobald der richtige Kommunikationstyp herausgefunden wurde, sollte sich der Coach auf die Ziele der wichtigsten Coaching-Gespräche, die im Anschluss vorgestellt werden, konzentrieren.

Für jedes Gespräch gilt es eine sinnvolle Vorbereitung zu treffen. Hierbei sollten Fragen in Hinblick auf den Lernerfolg des Coachee beantwortet werden, z. B. welchen Lern- bzw. Problemlösungsstil hat der Klient und wie kann der Coach ihn zum Erfolg führen? Was sind die vereinbarten Ziele und wo bedarf es der Entwicklung? (Czichos 2002: 173)

---

[8]   Czichos, Reiner 2002: Coaching = Leistung durch Führung, 3. Aufl., München, Basel.

3.9.1 Das Entwicklungs- und Zielvereinbarungsgespräch

Das Entwicklungsgespräch ist der erste, klassische Gesprächsanlass für Coaching. In diesem Gespräch werden individuelle Entwicklungsziele in einem Entwicklungsplan ausgearbeitet, d. h. es wird festgelegt, durch welche Maßnahmen sich der Mitarbeiter am besten entwickeln kann (Czichos 2002: 108). Auch sollten die Stärken und evtl. auch die Schwächen des Mitarbeiters aufgeschrieben werden, sowie neue Ideen zur Verbesserung der Stärken (Czichos 2002: 127). Das Zielvereinbarungsgespräch kann vom Coach wie auch vom Klienten initiiert werden. Je nachdem werden ganz unterschiedliche Absichten verfolgt. So z. B. kann ein Mitarbeiter dieses Gespräch veranlassen, um über inhaltliche Probleme gecoacht zu werden oder um Probleme mit anderen Mitarbeitern zu besprechen (Lenz / Ellebracht / Osterhold 2007: 87). Während des Gespräches werden Fern- und Nahziele des Klienten in einem Zeitplan festgelegt. Fernziele ähneln Visionen und geben die grobe Richtung vor, wobei Nahziele die einzelnen Schritte bestimmen. Hierbei ist darauf zu achten, dass die Ziele erreichbar, überprüfbar und herausfordernd sind. Bei der Zielformulierung sollte deshalb die bewährte SMART Technik eingesetzt werden.

3.9.2 Das Feedbackgespräch

Das Feedbackgespräch soll also helfen, Verhalten, Zustände und Ergebnisse der Mitarbeiter bzw. Klienten zu überprüfen, damit sie davon lernen und ihr Verhalten entsprechend anpassen oder ändern können. Feedback ist daher ein Instrument zur Selbst- und Fremdeinschätzung der eigenen Handlungsweisen.

Ein Feedback sollte regelmäßig gegeben werden, z. B. jedes halbe Jahr. Durch diese Regelmäßigkeit wird das Klima in der Arbeitsgruppe vertrauter und persönlicher und Konflikte werden zudem offen geklärt. Es ergeben sich neue Ideen und Möglichkeiten zur Erreichung und Optimierung der Entwicklungsziele (Lenz / Ellebracht / Osterhold 2007: 120).

3.9.3 Das Problemlösungsgespräch

Sobald der Coach Probleme in seiner Umgebung erkennt, sollten diese gelöst werden. Dazu sollte er die betreffende Person nicht tagelang im Unklaren darüber lassen, sondern rechtzeitig Hilfe anbieten. Während dieser Gesprächssitzung sollte der Coach aufmerksam zuhören und gemeinsam mit der Gesprächsperson einen Aktionsplan erarbeiten. Gleichzeitig sollte auch ein neuer Termin ausgehandelt werden, um die Erfolge zu überprüfen (Czichos 2002: 91).

3.9.4 Das Trainingsgespräch

In einem Trainingsgespräch wird der Coach versuchen, die Fähigkeiten des Coachee zu erkennen und zu verbessern. Die Coaching-Aktivitäten werden in einem speziellen Trainingsplan integriert. (Czichos 2002: 67). Die Seminarinhalte und -ziele müssen praxisorientiert abgestimmt und definiert werden (Czichos 2002: 44). Der Coach in der Rolle als Trainer sollte auch beachten und sich darauf einstellen, dass in manchen Seminaren Teilnehmer sein können, die mehr praktisches Wissen besitzen als er selbst sich in seiner Vorbereitungszeit aneignen konnte (Czichos 2002: 45).

Um letztendlich die verschiedenen Gesprächsanlässe erfolgreich meistern zu können, sollten folgende allgemeingültigen Regeln beachtet werden:

o Ein Gesprächsanlass sollte rechtzeitig angekündigt werden, denn sowohl Coach als auch Coachee sollten sich darauf vorbereiten können.

o Termine sollten ohne Zeitdruck und sinnvoll veranlasst werden.

o Die Räumlichkeit für Gesprächssitzungen sollte so gewählt werden, dass Beeinträchtigungen von außen die Sitzung nicht stören.

o Die Sitzordnung sollte partnerschaftlich gestaltet sein, dass bedeutet z. B. die Sitzhöhe und die Distanz zwischen sollte angemessen sein (Laufer 2006:).

Werden diese zusätzlichen Hinweise, die oft als Selbstverständlich gelten, verfolgt, so kann das Coaching-Gespräch erfolgreich durchgeführt gelingen.

4 Zusammenfassung

Ziel dieser Arbeit war die Darstellung der Führungsmethode Coaching, um anschließend Vorteile für Unternehmen, Führungskräfte und Mitarbeiter zu erläutern.

Was bringt Coaching dem Unternehmen, den Führungskräften und den Mitarbeiter?

Die Unternehmen profitieren von dem Einsatz von Coaching vor allem durch zufriedene, engagierte Mitarbeiter und Führungskräfte, denn die Unternehmenskultur wird dauerhaft verbessert. Es findet unter anderem auch eine Steigerung der zwischenmenschlichen Beziehungen statt. Zufriedene Mitarbeiter arbeiten für das Unternehmen effektiver und mit höherer Begeisterung.

Für die Führungskräfte bedeutet der Einsatz von Coaching eine langfristige Entlastung von Entscheidungen, da Mitarbeiter bzw. Gecoachte mehr Verantwortung übernehmen. So verbleibt für sie mehr Zeit sich auf andere Führungsaufgaben zu konzentrieren. Auch bessere Karrierechancen für die Führungskräfte durch gesteigerte Leistungen der Mitarbeiter könnte ein Einsatzgrund für Coaching sein.

Coaching lässt einen großen Handlungsspielraum für die Mitarbeiter zu, denn Lösungswege werden von ihnen selbst erarbeitet. Dadurch werden Eigenverantwortung, soziale Verantwortung und letztendlich auch die Leistungsfähigkeit jedes Einzelnen gesteigert. Die Mitarbeiter erfahren durch den Coaching-Einsatz eine positive Persönlichkeitsentwicklung. Die Erfolge sind an den zusammen erarbeiteten Zielvereinbarungen und Beobachtungskriterien zwischen Coach und Mitarbeiter bzw. Gecoachten nachvollziehbar und messbar. Für den Mitarbeiter bedeutet dies unter anderem eine Verbesserung des eigenen Images.

Zwar ist Coaching kein Patentrezept für alle Probleme und Konflikte in einem Unternehmen, aber dennoch bietet es eine große Chance, die Unternehmensstrukturen zu verbessern, weil es die Persönlichkeit von Mitarbeitern und somit die Leistungsfähigkeit jedes Einzelnen und des Unternehmens nachhaltig zu verbessert.

Literaturverzeichnis

Czichos, Reiner 1990: *Changemanagement, Konzepte, Prozesse, Werkzeuge für Manager, Verkäufer, Berater und Trainer*, München, Basel.

Czichos, Reiner 2002: *Coaching = Leistung durch Führung*, 3. Aufl., München, Basel.

Hentze, Joachim 1997: *Personalführungslehre*, 3. Aufl., Bern, Stuttgart, Wien.

Hummel, Thomas 2002: *Unternehmensführung*, Stuttgart.

Jäger, Roland 2001: *Praxisbuch Coaching*, Offenbach.

Laufer, Hartmut 2006: *Grundlagen erfolgreicher Mitarbeiterführung, Führungspersönlichkeit, Führungsmethoden, Führungsinstrumente*, 2. Aufl., Offenbach.

Lenz, Gerhard / Ellebracht, Heiner / Osterhold, Gisela 2007, *Coaching als Führungsprinzip - Persönlichkeit und Performance entwickeln*, 1. Aufl., Wiesbaden.

Macharzina, Klaus 1977: „*Führungstheorien und Führungssysteme".* in: Macharzina, Klaus, Oechsler, W. A. (Hrsg.): *Personalmanagement*, Band I, Wiesbaden, S. 19-54.

Macharzina, Klaus 2003: *Unternehmensführung, Das internationale Managementwissen – Konzepte, Methoden, Praxis*, 4. Aufl., Wiesbaden.

Rauen, Christopher 2003: *Coaching Innovative Konzepte im Vergleich*, 3. Aufl., Göttingen.

Rauen, Christopher 2005: *Handbuch Coaching*, 3. Aufl., Göttingen.

Rühli, Edwin 1996: *Unternehmensführung und Unternehmenspolitik*, Band 1, 2, 3. Aufl., Bern-Stuttgart.

Shula, Don / Blanchard, Ken 1995: *Talent zum Coach hat jeder! So führen Sie zum Sieg, Erfolgsgeheimnisse aus dem Spitzensport – anwendbar im modernen Geschäftsleben*, Wien.

Steinmann, Horst / Schreyögg, Georg 2000: *Management, Grundlagen der Unternehmensführung – Konzepte, Funktionen, Fallstudien*, 5. Aufl., Wiesbaden.

Stroebe, Rainer 1999: *Führungsstile, Management by Objectives und situatives Führen*, 6. Aufl., Heidelberg.

Whitemore, John 2006: *Coaching für die Praxis, Wesentliches für jede Führungskraft*, Frankfurt am Main.

Wunderer, Rolf 2003: *Führung und Zusammenarbeit: Eine unternehmerische Führungslehre*, 5. Aufl., München / Neuwied.